互联网平台企业涉税信息报送规定

中国法治出版社

互联网平台企业涉税信息报送规定
HULIANWANG PINGTAI QIYE SHESHUI XINXI BAOSONG GUIDING

经销/新华书店
印刷/保定市中画美凯印刷有限公司
开本/850毫米×1168毫米 32开　　　　　　　印张/0.5　字数/5千
版次/2025年7月第1版　　　　　　　　　　　2025年7月第1次印刷

中国法治出版社出版
书号 ISBN 978-7-5216-5482-0　　　　　　　　　　定价：5.00元

北京市西城区西便门西里甲16号西便门办公区
邮政编码：100053　　　　　　　　　　　　传真：010-63141600
网址：http://www.zgfzs.com　　　　　　编辑部电话：010-63141673
市场营销部电话：010-63141612　　　　　印务部电话：010-63141606

（如有印装质量问题，请与本社印务部联系。）

互联网平台企业涉税信息报送规定

中国法治出版社

目　　录

中华人民共和国国务院令（第810号）　…………（1）

互联网平台企业涉税信息报送规定　………………（2）

司法部、税务总局负责人就《互联网平台

　企业涉税信息报送规定》答记者问　……………（6）

中华人民共和国国务院令

第 810 号

《互联网平台企业涉税信息报送规定》已经 2025 年 6 月 13 日国务院第 61 次常务会议通过,现予公布,自公布之日起施行。

总理　李强

2025 年 6 月 20 日

互联网平台企业涉税信息报送规定

第一条 为了规范互联网平台企业向税务机关报送平台内经营者和从业人员涉税信息，提升税收服务与管理效能，保护纳税人合法权益，营造公平统一的税收环境，促进平台经济规范健康发展，根据《中华人民共和国税收征收管理法》、《中华人民共和国电子商务法》，制定本规定。

第二条 互联网平台企业应当依照本规定向其主管税务机关报送平台内经营者和从业人员的身份信息、收入信息等涉税信息。

本规定所称互联网平台企业，是指《中华人民共和国电子商务法》规定的电子商务平台经营者以及其他为网络交易活动提供网络经营场所、交易撮合、信息发布等营利性服务的法人或者非法人组织；所称从业人员，是指通过互联网平台以个人名义提供营利性服务的自然人。

第三条 互联网平台企业应当自本规定施行之日

起 30 日内或者自从事互联网经营业务之日起 30 日内向其主管税务机关报送平台域名、业务类型、相关运营主体的统一社会信用代码以及名称等信息。

第四条 互联网平台企业应当于季度终了的次月内，按照国务院税务主管部门规定的身份信息、收入信息的具体类别和内容，向其主管税务机关报送平台内经营者和从业人员的身份信息以及上季度收入信息。

在互联网平台内从事配送、运输、家政等便民劳务活动的从业人员，依法享受税收优惠或者不需要纳税的，互联网平台企业不需要报送其收入信息。互联网平台企业按照规定为平台内经营者和从业人员办理扣缴申报、代办申报等涉税事项时已填报的涉税信息，不需要重复报送。

第五条 互联网平台企业应当按照国务院税务主管部门规定的涉税信息报送的数据口径和标准，通过网络等方式报送涉税信息。

税务机关应当提供安全可靠的涉税信息报送渠道，积极运用现代信息技术，提供直连报送、上传导入等接口服务，并做好政策解读以及问题解答等咨询服务。

第六条 互联网平台企业应当核验平台内经营者和从业人员涉税信息，对其真实性、准确性、完整性负责。税务机关可以根据税收监管需要，对互联网平台企业报送的涉税信息进行核查。互联网平台企业已对其报送的涉税信息尽到核验义务，因平台内经营者或者从业人员过错导致涉税信息不真实、不准确或者不完整的，不追究互联网平台企业责任。

第七条　税务机关依法开展税务检查或者发现涉税风险时，可以要求互联网平台企业和相关方提供涉嫌违法的平台内经营者和从业人员的合同订单、交易明细、资金账户、物流等涉税信息，互联网平台企业和相关方应当按照税务机关要求的期限、方式和内容如实提供。

第八条　工业和信息化、人力资源社会保障、交通运输、市场监管、网信等部门应当与税务机关加强涉税信息共享。通过信息共享能够获取的涉税信息，税务机关不得要求互联网平台企业重复报送。

第九条　互联网平台企业应当依照法律、行政法规和国家有关规定，规范保存平台内经营者和从业人员涉税信息。

税务机关应当对获取的涉税信息依法保密，依照法律、行政法规和国家有关规定建立涉税信息安全管理制度，落实数据安全保护责任，保障涉税信息安全。

第十条 互联网平台企业有下列行为之一的，由税务机关责令限期改正；逾期不改正的，处2万元以上10万元以下的罚款；情节严重的，责令停业整顿，并处10万元以上50万元以下的罚款：

（一）未按照规定的期限报送、提供涉税信息；

（二）瞒报、谎报、漏报涉税信息，或者因互联网平台企业原因导致涉税信息不真实、不准确、不完整；

（三）拒绝报送、提供涉税信息。

第十一条 税务机关及其工作人员在互联网平台企业涉税信息报送管理工作中有违法行为的，依照有关法律、行政法规的规定追究法律责任。

第十二条 平台内经营者和从业人员在本规定施行前的涉税信息，互联网平台企业不需要报送。

境外互联网平台企业在中华人民共和国境内提供营利性服务的，按照国务院税务主管部门的规定报送平台内经营者和从业人员涉税信息。

第十三条 国务院税务主管部门根据本规定制定实施办法。

第十四条 本规定自公布之日起施行。

司法部、税务总局负责人就《互联网平台企业涉税信息报送规定》答记者问

2025年6月20日，国务院总理李强签署第810号国务院令，公布《互联网平台企业涉税信息报送规定》（以下简称《规定》），自公布之日起施行。日前，司法部、税务总局负责人就《规定》有关问题回答了记者提问。

问：请简要介绍一下制定《规定》的背景。

答：党中央、国务院高度重视平台经济发展，强调要把握平台经济发展规律，建立健全平台经济治理体系。党的二十届三中全会《决定》提出，健全平台经济常态化监管制度，健全有利于高质量发展、社会公平、市场统一的税收制度。近年来，我国平台经济迅速发展，在优化资源配置、推动产业升级、拓展市场空间等方面发挥了积极作用。互联网平台企业记录

的平台内经营者和从业人员的身份信息和收入信息，是开展税收监管的重要基础。但与传统经济形态不同，平台经济呈现出强流动性和高虚拟化特征，税收监管缺乏有效信息，加之现行法律行政法规缺乏关于互联网平台企业涉税信息报送的具体规定，税务机关无法及时全面掌握相关涉税信息，有必要制定专门行政法规，建立健全互联网平台企业涉税信息报送制度，提升税收服务和管理效能，保护纳税人合法权益，营造线上线下公平统一的税收环境，促进平台经济规范健康发展。

问：制定这部行政法规的意义体现在哪些方面？

答：《规定》出台对于健全平台经济治理机制，规范平台经济税收秩序，促进平台经济规范健康持续发展具有重要意义。一是有利于促进税收法治公平。《规定》将促进平台内经营者和从业人员依法申报纳税，营造线上线下公平统一的税收环境。国家税务总局前期在部分省市开展的试点表明，绝大多数平台内经营者和从业人员的税收负担不会因信息报送而增加，而存在隐匿收入等情况的经营者，其税收负担会回归正常水平，这是税收公平的应有之义。二是有利于平台经济规范健康持续发展。《规定》有助于推动部门协同共治，促进对平台内不当经营行为的及时有效监管，更及时发现平台"内卷式"竞争、虚假"刷单"骗取流量等不当经营行为，促进互联网各类经营主体合规经营、有序竞争、健康发展，更好维护平台内经营者、从业人员及消费者的合法权益。合规守信的企业特别是中小微企业，将在公平的市场环境中获得更多的发展机会。

问：互联网平台企业报送涉税信息的内容和时限要求分别是什么？

答： 互联网平台企业按季度报送涉税信息，应当在每季度终了的次月内，按照国务院税务主管部门规定的身份信息、收入信息的具体类别和内容，向其主管税务机关报送平台内经营者和从业人员的身份信息以及上季度收入信息。按照这一要求，本《规定》施行后，互联网平台企业将于今年10月份第一次报送平台内经营者和从业人员的身份信息、收入信息。为更好落实《规定》，国家税务总局正在加紧制定有关配套公告，细化首次报送涉税信息等具体安排，并将"点对点"对接互联网平台企业，做好政策解读与培训辅导，帮助互联网平台企业在10月份顺利完成首次报送涉税信息的工作。

问：哪些涉税信息是免予报送的，为什么？

答：《规定》对以下涉税信息免予报送：一是在互联网平台内从事配送、运输、家政等便民劳务活动的从业人员的收入信息。主要考虑：根据试点情况，这部分从业人员的收入因依法享受各种税收优惠，基本无须纳税，并且人数众多，免予报送收入信息可减轻平台企业的报送负担。二是平台内经营者和从业人员在《规定》施行前的涉税信息，按照法不溯及既往的原则，不需要报送。

问：为减轻互联网平台企业报送负担，《规定》作了哪些规定？

答：一是互联网平台企业按照规定为平台内经营者和从业人员办理扣缴申报、代办申报等涉税事项时已填报的涉税信息，不需要重复报送。二是在互联网平台内从事配送、运输、家政等便民劳务活动的从业人员的收入信息，免予报送。三是工业和信息化、人力资源社会保障、交通运输、市场监管、网信等部门应当与税务机关加强涉税信息共享。通过信息共享能够获取的涉税信息，税务机关不得要求互联网平台企业重复报送。四是税务机关应当提供安全可靠的涉税信息报送渠道，积极运用现代信息技术，提供直连报送、上传导入等接口服务，并做好政策解读以及问题解答等咨询服务。

问：《规定》关于保障涉税信息安全作了哪些规定？

答：一是互联网平台企业应当依照法律、行政法规和国家有关规定，规范保存平台内经营者和从业人员涉税信息。二是税务机关应当对获取的涉税信息依法保密，依照法律、行政法规和国家有关规定建立涉税信息安全管理制度，落实数据安全保护责任，保障涉税信息安全。长期以来，税务机关持续加强纳税人信息保密工作，建立健全了一整套制度、机制和技术体系，切实保护纳税人数据安全。涉税信息报送后，税务机关将按照本《规定》上述要求，进一步完善涉税信息数据安全管理制度，对收集到的平台内经营者和从业人员相关信息，采取加密、访问控制等措施，切实保障信息的安全性和保密性。

问：《规定》施行将对相关纳税人税负产生怎样影响？

答：《规定》施行对平台企业以及绝大多数平台内经营者和从业人员的税负不会产生大的影响。一是互联网平台企业只需依法履行涉税信息报送的程序性义务，其自身税负不会变化；二是平台内绝大多数合规经营者和从业人员的税负不会变化;三是平台内众多中小微企业和低收入从业人员因可享受税收优惠,其税负不会变化。如,商户月销售额不超10万元可享受增值税免税优惠政策,综合所得年收入不超过12万元的平台内从业人员,在享受各项扣除后,也基本无需缴纳个人所得税。但此前存在隐匿收入等情况的部分平台内经营者和从业人员,将按照平台企业报送的涉税信息依法纳税,其税负会恢复到正常水平。

问:税务机关将如何保障《规定》更好落地见效?

答:《规定》施行后,税务机关将着重开展以下三方面工作:一是抓紧完善配套制度。税务总局将尽快制定有关配套公告,细化报送涉税信息的相关主体、具体类别和内容、报送要求和口径,从实操角度进一步明确"谁来报、报什么、怎么报"等问题。二是做好信息系统改造。进一步优化完善信息系统功能,做好直连报送、上传导入等系统对接保障工作,为互联网平台企业提供快捷高效、安全可靠的报送渠道。三是广泛组织培训辅导。为互联网平台企业提供政策解读以及问题解答等咨询服务,同步配套制定数据直连接入全流程指引、操作指南等有关文件,辅导互联网平台企业顺利报送涉税信息。上述工作都将在今年10

月前,也就是平台企业按《规定》要求第一次报送平台内经营者和从业人员的身份信息、收入信息前完成,确保《规定》顺畅实施,更好落地见效。

ISBN 978-7-5216-5482-0

定价：5.00元